Fit werden für den Deutsch-Test für Berufssprachkurse C1

Hören 3 und Hören 4

Jan Mundhenk

Urheberrechtshinweis:
Bei diesem Material handelt es sich um ein Lehrwerk für den Unterricht. Vervielfältigungen für Unterrichtszwecke und weitere Verwertungen sind ausdrücklich nicht genehmigt.
Es ist untersagt, als Lehrkraft oder Dozierende(r) Teile oder das ganze Material zu scannen, zu speichern, zu kopieren oder in analoger oder digitaler Form in Intranet, Learning Management Systeme oder sonstige Ablageformen zu überführen.
Weitergabe und Verwendung in anderer Form als zum privaten Gebrauch nicht gestattet. Schadensersatz oder weitere Forderungen können gegebenenfalls geltend gemacht werden. Missbräuchliche Nutzung kann strafbar sein.

Hinweis zu Namen:
Sämtliche Namen und Bezeichnungen in diesem Material wurden nicht an real existierende Unternehmen oder Personen angelehnt. Sofern Marken- oder Produktbezeichnungen genannt werden, kann aus der nicht gekennzeichneten Verwendung nicht abgeleitet werden, dass diese nicht geschützt sind.

Die automatisierte Analyse des Werkes, um daraus Informationen insbesondere über Muster, Trends und Korrelationen gemäß §44b UrhG („Text und Data Mining") zu gewinnen, ist untersagt.

Autor: © Jan Mundhenk
Auflage: 2
Druck: 2025
ISBN: 978-3-7597-5183-6
Verlag: BoD · Books on Demand GmbH, In de Tarpen 42, 22848 Norderstedt, bod@bod.de
Druck: Libri Plureos GmbH, Friedensallee 273, 22763 Hamburg

Abbildungen:
Titelseite und Schmutztitel: Gestaltung Jan Mundhenk, Grafiken vom Autor
Übrige Abbildungen: Jan Mundhenk
Es wurde recherchiert, ob in diesem Werk Abbildungen von Dritten eingesetzt wurden. Sollten Werke von Urheberinnen oder Urhebern nicht ausfindig gemacht worden sein, werden diese bei Bekanntgabe entsprechend der üblichen Regelungen entschädigt.

Inhalte

Fit für den DTB C1: Hören Teil 3 und Teil 4 C1. Jan Mundhenk

Tipps zur Bearbeitung des Subtests Hören Teile 3 und 4 beim DTB C1

Innerhalb von etwa als 5 Minuten stellen Sie erst einer Präsentation im Unternehmen zuhören (Hören 3) und Fragen beantworten Im Anschluss daran erhalten Sie Einblicke in Gespräche und beantworten Fragen dazu.

Herzlich willkommen zum Aufgabenbereich des Hörens in den Teilen 3 und 4. Wenn Sie den DTB B2 bereits absolviert haben, kennen Sie die Herausforderungen dieses Testteils. Jetzt geht es in die nächste Runde: Fragen werden teilweise zu ähnlichen Wörtern gestellt als den von Ihnen gehörten Wörtern. Weiterhin werden durch kein(e), nie(mals), stets, immer und andere kleine Veränderungen die Aussagen der Hörtexte sanft und doch wirkungsvoll verändert.

Entscheidend für den Erfolg in der Prüfung ist die Übung. Und dafür haben Sie jetzt dieses Übungsbuch mit zahlreichen Übungen.

Sie sollten bei der Bearbeitung dieser Aufgaben darauf achten KEINE Informationen aus Ihrem Allgemeinwissen zu nutzen. Gibt es keine eindeutige Information aus dem Hörtext, so wählen Sie die eine Antwort, die am ehesten zutreffend sein wird. Es gilt, immer genau eine Antwort anzukreuzen.

Schnappen Sie sich nun Ihren Bleistift, Ihr Radiergummi ulegen Sie los.

Teil 3: Präsentation

Sie hören einen Vortrag als Präsentation und wählen jeweils bei 4 Fragen die eine richtige Antwort aus (A, B oder C).

Teil 4: Gespräche

Sie hören Gespräche und entscheiden sich dann jeweils bei jeder Frage für die einzige korrekte Antwort (A, B oder C).

Tipp: Sie finden auf den jeweiligen Seiten mit Antwortbögen passende QR-Codes. Jeder QR-Code führt Sie zum entsprechenden Hörtext.

Sie benötigen auf Ihrem Smartphone oder Tablet lediglich einen **QR-Code-Scanner.**

Hören Teil 3
Training 1

Gleich beginnt die Präsentation zum Hören mit vier Aufgaben dazu. Markieren Sie die passende Lösung (a oder b oder c) auf dem Antwortbogen. In der nächsten Minute lesen Sie sich die Aufgaben durch und hören die Präsentation genau **einmal.**

BEGRÜßUNG	Beispiel	Das Meeting **a dreht sich um die Spezialisierung der Produktion (x).** b erfolgt wie üblich am Donnerstag. c erfolgt auf Einladung der Mitarbeiter.
JUBILÄUM	31	Der Sekretär Herr Schubert a feiert dieses Jahr 25-jähriges Betriebsjubiläum. b wurde 5 Jahre nach Gründung des Unternehmens vor 20 Jahren eingestellt. c hat 15 Jahre im Unternehmen gearbeitet.
PRODUKTIONSZAHLEN	32	Die Produktion meldet a Extraschichten und einen Rund-um-die-Uhr-Betrieb. b Kurzarbeit wegen Auftragsflaute. c Einschränkungen aufgrund des Ausfalls von drei Robotern.
QUALITÄTSMANAGEMENT	33	Das Qualitätsmanagement informiert a über mangelhafte Dokumentationen. b über die fehlende Beteiligung beim Audit. c über die erfolgreiche Rezertifizierung.
BETRIEBSAUSFLUG	34	Der diesjährige Betriebsausflug a findet nicht statt. b wird als Sommerfest veranstaltet. c ersetzt die Weihnachtsfeier.

32 a b c

33 a b c

34 a b c

35 a b c

Platz für Ihre Notizen:

Hören Teil 4
Training 1

Sie hören gleich fünf Telefonansagen und erhalten jeweils eine Frage zu jeder Nachricht auf dem Anrufbeantworter. Markieren Sie die **eine** richtige Lösung a oder b oder c auf dem Antwortbogen. Jede Ansage auf dem Anrufbeantworter folgt **einmal**.

35   Herr Hallmackenreuther

a   wünscht sich Präsentationsunterlagen für Freitag.
b   will nicht so gerne bei der Vorbereitung helfen.
c   möchte gerne einen Projektbericht am Donnerstag.

36   Eine Kollegin

a   möchte gern aktuelle Zahlen beitragen und Klarheiten schaffen.
b   möchte gern bis zum Ende dieser Woche die Zahlen des folgenden Quartals.
c   möchte gern bis zum Ende dieser Woche die Zahlen des letzten Quartals.

37   Frau Bubenspätzle

a   möchte die Präsentation am Freitag vorbereiten.
B   möchte gerne Daten abstimmen.
c   will die Präsentation vorab zum Ansehen bekommen.

38   Herr Michels

a   erstellt den Jahresbericht und fängt morgen an.
b   fordert Daten bis zum nächsten Tag an und erstellt den Jahresbericht.
c   hat keine Zeit zur Hilfe an den Problemen.

39   Frau Pape

a   gibt ihrer Kollegin einen Auftrag zur Arbeit an nicht mehr aktuellen Kontakten.
b   sucht die aktuellen Kundenkontakte und eine Liste.
c   möchte gern alle Informationen den Kontakten zusenden.

Fit für den DTB C1: Hören Teil 3 und Teil 4 C1. Jan Mundhenk

36 
    a   b   c

37 
    a   b   c

38 
    a   b   c

39 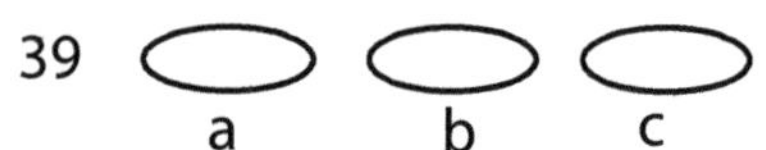
    a   b   c

40 
    a   b   c

Platz für Ihre Notizen:

Hören Teil 3
Training 2

Gleich beginnt die Präsentation zum Hören mit vier Aufgaben dazu. Markieren Sie die passende Lösung (a oder b oder c) auf dem Antwortbogen. In der nächsten Minute lesen Sie sich die Aufgaben durch und hören die Präsentation genau **einmal.**

BEGRÜßUNG	Beispiel	Das Meeting **a dreht sich um die Spezialisierung der Produktion (x).** b erfolgt wie üblich am Donnerstag. c erfolgt auf Einladung der Mitarbeiter.
PATENTE	31	Die Rechtsabteilung informiert a über eine Abnahme der Patente. b über eine Zunahme der Patente. c über erste Patente.
REKLAMATIONEN	32	Der Kundenservice meldet a 20 Prozent mehr Reklamationen seit Umstellung der Produktion. b 15 Prozent mehr Reklamationen seit Umstellung der Produktion. c 10 Prozent weniger Reklamationen seit Umstellung der Produktion.
STELLENUMBAU	33	Das Personalmanagement informiert a über den Abbau von 15.000 Stellen. b über den Abbau von 2.500 Stellen. c über den Aufbau von 9.000 Stellen.
ROHSTOFFKNAPPHEIT	34	Der Einkauf informiert a über 10 Prozent teurere Rohstoffe in zu geringer Stückzahl. b über teurere Produkte und nur ein Drittel weniger an Rohstoffen. c über 20 Prozent teurere Rohstoffe in zu geringer Stückzahl.

Fit für den DTB C1: Hören Teil 3 und Teil 4 C1. Jan Mundhenk

32   a   b   c

33   a   b   c

34   a   b   c

35   a   b   c

Platz für Ihre Notizen:

Hören Teil 4
Training 2

Sie hören gleich fünf Telefonansagen und erhalten jeweils eine Frage zu jeder Nachricht auf dem Anrufbeantworter. Markieren Sie die **eine** richtige Lösung a oder b oder c auf dem Antwortbogen. Jede Ansage auf dem Anrufbeantworter folgt **einmal.**

35   Herr Henkel

a   trifft sich zwei Tage später mit dem Angerufenen.
b   plant eine Veranstaltung für sein Team.
c   plant eine Veranstaltung für ein anderes Team.

36   Herr von Hermes

a   hat keine Lust auf eine Besprechung von Lösungen.
b   benötigt eine Kopie der Daten von gestern.
c   benötigt aktuelle Umsätze und verkaufte Mengen im Computer.

37   Frau Bongartz

a   muss einen Marketingplan erstellen und sich treffen.
b   wird eine Abstimmung mit dem Vorstand durchführen.
c   hat einen Experten für den neuen Marketingplan besorgt.

38   Herr Mundhenk

a   möchte bei Klarheiten helfen und etwas zusammenfassen.
b   informiert über den Fortschritt des Projektes im System.
c   möchte Projektinformationen für Berichte und ein Fazit erhalten.

39   Frau Mai

a   bereitet eine Sitzung des Aufsichtsrats vor.
b   stimmt sich dem Vorstand ab.
c   fordert die Agenda an und Themen zur Organisation der Sitzung.

36 

a   b   c

37 

a   b   c

38 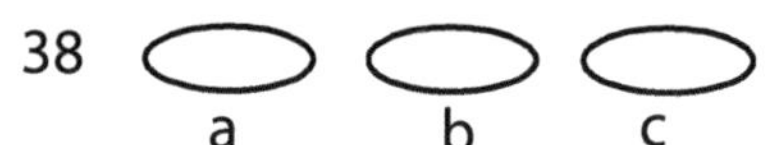

a   b   c

39 

a   b   c

40 

a   b   c

Platz für Ihre Notizen:

Hören Teil 3
Training 3

Gleich beginnt die Präsentation zum Hören mit vier Aufgaben dazu. Markieren Sie die passende Lösung (a oder b oder c) auf dem Antwortbogen. In der nächsten Minute lesen Sie sich die Aufgaben durch und hören die Präsentation genau **einmal.**

	Beispiel	Das Meeting
BEGRÜßUNG		**a dreht sich um die Spezialisierung der Produktion (x).** b erfolgt wie üblich am Donnerstag. c erfolgt auf Einladung der Mitarbeiter.
AZUBIFEST	31	Die Personalabteilung informiert a über ein Azubifest im Herbst. b über ein Azubifest am Pool im Sommer. c über ein Azubifest im Winter auf der Eisbahn.
STANDORT-WETTBEWERB	32	Der Manager meldet a den Verlust des Wettbewerbs. b das Unentschieden des Wettbewerbs. c den Gewinn des Wettbewerbs.
PROJEKTABSCHLUSS	33	Das Projektbüro informiert a über den Abschluss von 30 Projekten. b über Verzögerungen von 20 Projekten. c über den Beginn von 15 Projekten.
UMZUG DES WERKS	34	Die Organisationsabteilung informiert a über den Umzug des Werkes Schwerin nach Bitterfeld. b über die Hinzunahme des Werkes Schwerin und den Umzug von Rostock nach Bitterfeld und den Umzug von Berlin nach München. c über den Umzug des Werkes von Bitterfeld nach Schwerin.

32 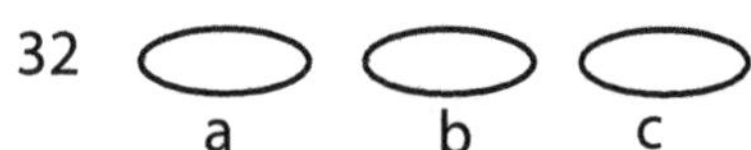
a   b   c

33 
a   b   c

34
a   b   c

35
a   b   c

Platz für Ihre Notizen:

Hören Teil 4
Training 3

Sie hören gleich fünf Telefonansagen und erhalten jeweils eine Frage zu jeder Nachricht auf dem Anrufbeantworter. Markieren Sie die **eine** richtige Lösung a oder b oder c auf dem Antwortbogen. Jede Ansage auf dem Anrufbeantworter folgt **einmal**.

35   Frau Langner

a   plant eine Marktanalyse und möchte die Daten erhalten.
b   hat eine Marktanalyse und möchte die Meinung erfahren.
c   präsentiert eine Marktanalyse und bietet Daten daraus an.

36   Frau Huster

a   archiviert einen alten Vertrag und möchte darüber sprechen.
b   sucht einen neuen Vertragsentwurf und spricht über ihre persönlichen Probleme.
c   erstellt einen neuen Vertrag und möchte darüber sprechen.

37   Frau d'Agustino

a   benötigt eine Analyse der Feedbacks der Vorwoche als Bericht.
b   benötigt eine Zusammenfassung der Feedbacks der Woche als Bericht.
c   benötigt eine Analyse der Feedbacks der Kollegen als Bericht.

38   Frau Bierbrauer

a   möchte bei Klarheiten helfen und etwas zusammenfassen.
b   fragt nach Lieferterminen und will über Unklarheiten sprechen.
c   überprüft die Lieferung in einer Übersicht und fragt Klarheiten.

39   Frau Potatoe

a   erstellt das Schulungsprogramm und möchte Angebote erhalten.
b   erstellt den Schulungsplan und möchte Probleme klären.
c   erstellt das Schulungsprogramm und möchte ihn absprechen.

36 
a   b   c

37 
a   b   c

38 
a   b   c

39 
a   b   c

40
a   b   c

Platz für Ihre Notizen:

Hören Teil 3
Training 4

Gleich beginnt die Präsentation zum Hören mit vier Aufgaben dazu. Markieren Sie die passende Lösung (a oder b oder c) auf dem Antwortbogen. In der nächsten Minute lesen Sie sich die Aufgaben durch und hören die Präsentation genau **einmal.**

	Beispiel	Das Meeting **a dreht sich um die Spezialisierung der Produktion (x).** b erfolgt wie üblich am Donnerstag. c erfolgt auf Einladung der Mitarbeiter.
BEGRÜßUNG		
BETRIEBSFEST	31	Die Personalabteilung informiert a über ein Betriebsfest im Herbst. b über ein Betriebsfest am Pool im Sommer. c über ein Betriebsfest im Winter auf der Eisbahn.
STANDORT-WETTBEWERB	32	Der Manager meldet a den Verlust des Wettbewerbs. b das Unentschieden des Wettbewerbs. c den Gewinn des Wettbewerbs.
PROJEKTABSCHLUSS	33	Das Projektbüro informiert a über den Abschluss von 10 Projekten. b über Verzögerungen von 40 Projekten. c über den Beginn von 35 Projekten.
SCHLIEßUNG DES WERKS	34	Die Organisationsabteilung informiert a über den Umzug des Werkes Schwerin nach Bitterfeld. b über die Hinzunahme des Werkes Schwerin und den Umzug von Rostock nach Bitterfeld und den Umzug von Berlin nach München. c über den Umzug des Werkes von Bitterfeld nach Schwerin.

32 
a   b   c

33 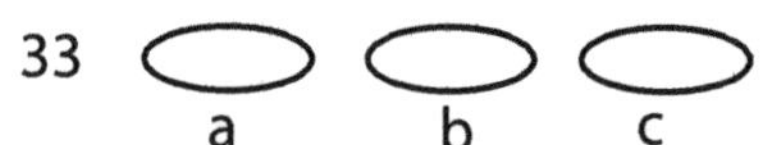
a   b   c

34
a   b   c

35
a   b   c

Platz für Ihre Notizen:

Hören Teil 4
Training 4

Sie hören gleich fünf Telefonansagen und erhalten jeweils eine Frage zu jeder Nachricht auf dem Anrufbeantworter. Markieren Sie die **eine** richtige Lösung a oder b oder c auf dem Antwortbogen. Jede Ansage auf dem Anrufbeantworter folgt **einmal.**

35   Frau Schneider

a   sucht eine Expertin zur Planung einer Messe.
b   plant als Expertin eine Messe und möchte darüber reden.
c   plant eine Veranstaltung für ein anderes Team.

36   Herr Möller

a   hat einen Finanzbericht zugeschickt und dazu Fragen.
b   benötigt zu Finanzberichten Notizen mailen.
c   soll zu Finanzberichten Notizen mailen.

37   Frau Kea

a   will einen Workshop vorbereiten und fragt nach Material.
b   will mit Material einen Workshop vorbereiten und ihn vorbesprechen.
c   will einen Workshop vorbereiten und sucht Material.

38   Herr Mundhenk

a   möchte bei Klarheiten helfen und etwas zusammenfassen.
b   informiert über den Fortschritt des Projektes im System.
c   möchte Projektinformationen für Berichte und ein Fazit erhalten.

39   Frau Mai

a   bereitet eine Sitzung des Aufsichtsrats vor.
b   stimmt sich dem Vorstand ab.
c   fordert die Agenda an und Themen zur Organisation der Sitzung.

36 
a   b   c

37 
a   b   c

38 
a   b   c

39 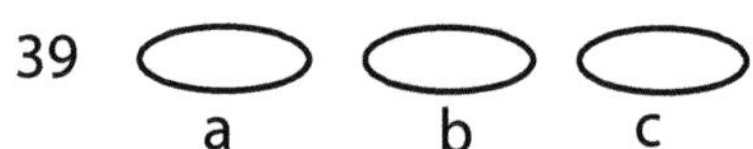
a   b   c

40 ◯ ◯ ◯
a   b   c

Platz für Ihre Notizen:

Hören Teil 3
Training 5

Gleich beginnt die Präsentation zum Hören mit vier Aufgaben dazu. Markieren Sie die passende Lösung (a oder b oder c) auf dem Antwortbogen. In der nächsten Minute lesen Sie sich die Aufgaben durch und hören die Präsentation genau **einmal.**

BEGRÜßUNG	Beispiel	Das Meeting **a dreht sich um die Spezialisierung der Produktion (x).** b erfolgt wie üblich am Donnerstag. c erfolgt auf Einladung der Mitarbeiter.
PRODUKTION	31	Die Produktion a soll gebrauchte Maschinen und Mitarbeiter bekommen. b soll neue Maschinen und Patente erhalten. c soll neue Maschinen und keine Patente erhalten.
AMORTISATION	32	Nach der Amortisation a von 2 Mio. Euro in 4 Jahren ist es geschafft. b von 4 Mio. Euro in 2 Jahren ist es geschafft. c von 3 Mio. Euro in 3 Jahren ist es geschafft.
ANBIETER	33	Für die Investitionen a liegen Angebote von Anbietern vor. b liegen Angebote von einem Anbieter vor. c liegen keine Angebote vor.
ERFOLGSMESSUNG	34	Die Messung des Erfolgs a soll auf Basis von diskontinuierlichen Zahlen erfolgen. b soll nicht auf Basis von Kennzahlen erfolgen. c soll auf Basis von Kennzahlen erfolgen.

32 
a   b   c

33 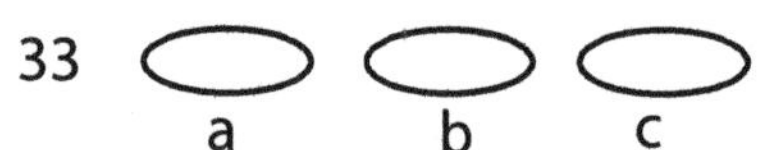
a   b   c

34 
a   b   c

35
a   b   c

Platz für Ihre Notizen:

Hören Teil 4
Training 5

Sie hören gleich fünf Telefonansagen und erhalten jeweils eine Frage zu jeder Nachricht auf dem Anrufbeantworter. Markieren Sie die **eine** richtige Lösung a oder b oder c auf dem Antwortbogen. Jede Ansage auf dem Anrufbeantworter folgt **einmal**.

36   Frau Langner

a   plant eine Marktanalyse und möchte die Daten erhalten.
b   hat eine Marktanalyse und möchte die Meinung erfahren.
c   präsentiert eine Marktanalyse und bietet Daten daraus an.

37   Frau Huster

a   archiviert einen alten Vertrag und möchte darüber sprechen.
b   sucht einen neuen Vertragsentwurf und spricht über ihre persönlichen Probleme.
c   erstellt einen neuen Vertrag und möchte darüber sprechen.

38   Frau d'Agustino

a   benötigt eine Analyse der Feedbacks der Vorwoche als Bericht.
b   benötigt eine Zusammenfassung der Feedbacks der Woche als Bericht.
c   benötigt eine Analyse der Feedbacks der Kollegen als Bericht.

39   Frau Bierbrauer

a   möchte bei Klarheiten helfen und etwas zusammenfassen.
b   fragt nach Lieferterminen und will über Unklarheiten sprechen.
c   überprüft die Lieferung in einer Übersicht und fragt Klarheiten.

40   Frau Potatoe

a   erstellt das Schulungsprogramm und möchte Angebote erhalten.
b   erstellt den Schulungsplan und möchte Probleme klären.
c   erstellt das Schulungsprogramm und möchte ihn absprechen.

36 
a   b   c

37 
a   b   c

38 
a   b   c

39 
a   b   c

40
a   b   c

Platz für Ihre Notizen:

Hören Teil 3
Training 6

Gleich beginnt die Präsentation zum Hören mit vier Aufgaben dazu. Markieren Sie die passende Lösung (a oder b oder c) auf dem Antwortbogen. In der nächsten Minute lesen Sie sich die Aufgaben durch und hören die Präsentation genau **einmal.**

	Beispiel	Das Meeting
BEGRÜßUNG		**a dreht sich um die Spezialisierung der Produktion (x).** b erfolgt wie üblich am Donnerstag. c erfolgt auf Einladung der Mitarbeiter.
UMZUG	31	Die Produktion soll a künftig in Asien oder Nordeuropa erfolgen. b künftig in Ostasien oder Europa erfolgen. c künftig in Asien oder Nordeuropa erfolgen.
EINSPARUNGEN	32	Man erwartet sich davon a geringere Kosten und eine schlechtere Qualität. b geringere Kosten und flexiblere Arbeitszeiten. c gleich hohe Kosten, aber höhere Zufriedenheit.
VORGEHEN	33	Die Pläne sollen a in zwei Jahren beginnen und ein Jahr danach abgeschlossen sein. b nach drei Jahren abgeschlossen sein. c nach zwei Jahren abgeschlossen sein.
RISIKEN	34	Das Unternehmen rechnet mit a Abbrüchen der Produktion und veränderten Arbeitsergebnissen. b Steigerungen der Produktion und besseren Arbeitsergebnissen. c Fortsetzung der Produktion und schlechteren Arbeitsergebnissen.

32 
    a   b   c

33 
    a   b   c

34
    a   b   c

35
    a   b   c

Platz für Ihre Notizen:

Hören Teil 4
Training 6

Sie hören gleich fünf Telefonansagen und erhalten jeweils eine Frage zu jeder Nachricht auf dem Anrufbeantworter. Markieren Sie die **eine** richtige Lösung a oder b oder c auf dem Antwortbogen. Jede Ansage auf dem Anrufbeantworter folgt **einmal**.

35   Herr Hallmackenreuther

a   wünscht sich Präsentationsunterlagen für Freitag.
b   will nicht so gerne bei der Vorbereitung helfen.
c   möchte gerne einen Projektbericht am Donnerstag.

36   Eine Kollegin

a   möchte gern aktuelle Zahlen beitragen und Klarheiten schaffen.
b   möchte gern bis zum Ende dieser Woche die Zahlen des folgenden Quartals.
c   möchte gern bis zum Ende dieser Woche die Zahlen des letzten Quartals.

37   Frau Bubenspätzle

a   möchte die Präsentation am Freitag vorbereiten.
B   möchte gerne Daten abstimmen.
c   will die Präsentation vorab zum Ansehen bekommen.

38   Herr Michels

a   erstellt den Jahresbericht und fängt morgen an.
b   fordert Daten bis zum nächsten Tag an und erstellt den Jahresbericht.
c   hat keine Zeit zur Hilfe an den Problemen.

39   Frau Pape

a   gibt ihrer Kollegin einen Auftrag zur Arbeit an nicht mehr aktuellen Kontakten.
b   sucht die aktuellen Kundenkontakte und eine Liste.
c   möchte gern alle Informationen den Kontakten zusenden.

36 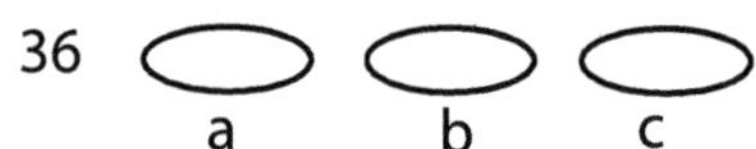
   a   b   c

37 
   a   b   c

38 
   a   b   c

39 
   a   b   c

40
   a   b   c

Platz für Ihre Notizen:

Hören Teil 3
Training 7

Gleich beginnt die Präsentation zum Hören mit vier Aufgaben dazu. Markieren Sie die passende Lösung (a oder b oder c) auf dem Antwortbogen. In der nächsten Minute lesen Sie sich die Aufgaben durch und hören die Präsentation genau **einmal.**

BEGRÜßUNG	Beispiel	Das Meeting **a dreht sich um die Spezialisierung der Produktion (x).** b erfolgt wie üblich am Donnerstag. c erfolgt auf Einladung der Mitarbeiter.
ÜBERNAHME	31	Das Unternehmen plant a eine freundliche Übernahme. b eine unfreundliche Übernahme. c eine Kooperation mit Übernahme einiger Arbeiten.
ZAHLEN	32	Der Prozess soll a nach 4 Jahren mit 9 Mio. Euro abgeschlossen sein. b nach 5 Jahren mit 10 Mio. Euro abgeschlossen sein. c nach 4 Jahren mit 8 Mio. Euro abgeschlossen sein.
VORGEHEN	33	Die Konkurrenz hat a keinen Kontakt aufgenommen. b wenig Interesse gezeigt. c Interesse gezeigt.
INTEGRATION	34	Zur Sicherstellung des Geplanten a werden die Abteilungsleiter angesprochen. b wird die Konkurrenz angesprochen. c werden die Mitarbeiter angesprochen.

32   a   b   c

33   a   b   c

34   a   b   c

35   a   b   c

Platz für Ihre Notizen:

Hören Teil 4
Training 7

Sie hören gleich fünf Telefonansagen und erhalten jeweils eine Frage zu jeder Nachricht auf dem Anrufbeantworter. Markieren Sie die **eine** richtige Lösung a oder b oder c auf dem Antwortbogen. Jede Ansage auf dem Anrufbeantworter folgt **einmal**.

35   Herr Hallmackenreuther

a   wünscht sich Präsentationsunterlagen für Freitag.
b   will nicht so gerne bei der Vorbereitung helfen.
c   möchte gerne einen Projektbericht am Donnerstag.

36   Eine Kollegin

a   möchte gern aktuelle Zahlen beitragen und Klarheiten schaffen.
b   möchte gern bis zum Ende dieser Woche die Zahlen des folgenden Quartals.
c   möchte gern bis zum Ende dieser Woche die Zahlen des letzten Quartals.

37   Frau Bubenspätzle

a   möchte die Präsentation am Freitag vorbereiten.
B   möchte gerne Daten abstimmen.
c   will die Präsentation vorab zum Ansehen bekommen.

38   Herr Michels

a   erstellt den Jahresbericht und fängt morgen an.
b   fordert Daten bis zum nächsten Tag an und erstellt den Jahresbericht.
c   hat keine Zeit zur Hilfe an den Problemen.

39   Frau Pape

a   gibt ihrer Kollegin einen Auftrag zur Arbeit an nicht mehr aktuellen Kontakten.
b   sucht die aktuellen Kundenkontakte und eine Liste.
c   möchte gern alle Informationen den Kontakten zusenden.

36 
a　　b　　c

37 
a　　b　　c

38 
a　　b　　c

39 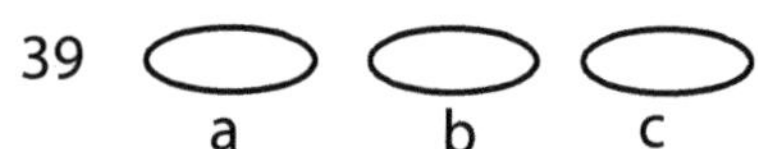
a　　b　　c

40
a　　b　　c

Platz für Ihre Notizen:

Hören Teil 3
Training 8

Gleich beginnt die Präsentation zum Hören mit vier Aufgaben dazu. Markieren Sie die passende Lösung (a oder b oder c) auf dem Antwortbogen. In der nächsten Minute lesen Sie sich die Aufgaben durch und hören die Präsentation genau **einmal**.

BEGRÜßUNG	Beispiel	Das Meeting **a dreht sich um die Spezialisierung der Produktion (x).** b erfolgt wie üblich am Donnerstag. c erfolgt auf Einladung der Mitarbeiter.
ZAHLEN	31	Das Unternehmen a verfolgt höhere Umsätze bei höheren Kosten argwöhnisch. b verfolgt höhere Umsätze bei geringeren Kosten. c sieht geringere Umsätze im Vergleich zu den letzten beiden Quartalen.
GEWINNE	32	Die Gewinne des Unternehmens a stiegen mangels weiterer Kosten. b blieben gleich bei höheren Kosten. c schrumpften aufgrund der Kosten.
AUSWEGE	33	Das Unternehmen plant a neue Prozesse einzuführen. b andere Materialquellen zu erschließen. c die Rezepturen zu verändern.
VERTRIEB UND MARKETING	34	Vertrieb und Marketing a haben jeweils gut gearbeitet und das Marketing soll finanziell gestärkt werden. b haben bedingt gut gearbeitet und der Vertrieb soll finanziell geschwächt werden. c haben mäßig gearbeitet und beide sollen mehr finanzielle Mittel erhalten.

32 ◯ a   ◯ b   ◯ c

33 ◯ a   ◯ b   ◯ c

34 ◯ a   ◯ b   ◯ c

35 ◯ a   ◯ b   ◯ c

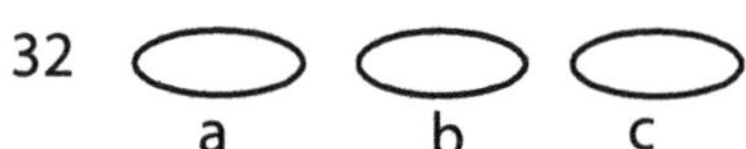

Platz für Ihre Notizen:

Hören Teil 4
Training 8

Sie hören gleich fünf Telefonansagen und erhalten jeweils eine Frage zu jeder Nachricht auf dem Anrufbeantworter. Markieren Sie die **eine** richtige Lösung a oder b oder c auf dem Antwortbogen. Jede Ansage auf dem Anrufbeantworter folgt **einmal**.

35   Herr Hallmackenreuther

a   wünscht sich Präsentationsunterlagen für Freitag.
b   will nicht so gerne bei der Vorbereitung helfen.
c   möchte gerne einen Projektbericht am Donnerstag.

36   Eine Kollegin

a   möchte gern aktuelle Zahlen beitragen und Klarheiten schaffen.
b   möchte gern bis zum Ende dieser Woche die Zahlen des folgenden Quartals.
c   möchte gern bis zum Ende dieser Woche die Zahlen des letzten Quartals.

37   Frau Bubenspätzle

a   möchte die Präsentation am Freitag vorbereiten.
B   möchte gerne Daten abstimmen.
c   will die Präsentation vorab zum Ansehen bekommen.

38   Herr Michels

a   erstellt den Jahresbericht und fängt morgen an.
b   fordert Daten bis zum nächsten Tag an und erstellt den Jahresbericht.
c   hat keine Zeit zur Hilfe an den Problemen.

39   Frau Pape

a   gibt ihrer Kollegin einen Auftrag zur Arbeit an nicht mehr aktuellen Kontakten.
b   sucht die aktuellen Kundenkontakte und eine Liste.
c   möchte gern alle Informationen den Kontakten zusenden.

36 
   a   b   c

37 
   a   b   c

38 
   a   b   c

39 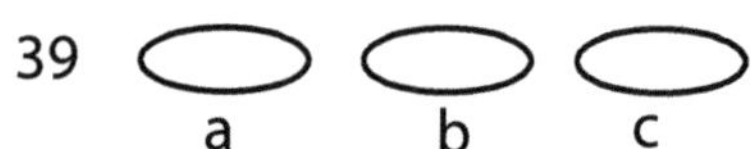
   a   b   c

40
   a   b   c

Platz für Ihre Notizen:

Hören Teil 3
Training 9

Gleich beginnt die Präsentation zum Hören mit vier Aufgaben dazu. Markieren Sie die passende Lösung (a oder b oder c) auf dem Antwortbogen. In der nächsten Minute lesen Sie sich die Aufgaben durch und hören die Präsentation genau **einmal.**

BEGRÜßUNG	Beispiel	Das Meeting **a dreht sich um die Spezialisierung der Produktion (x).** b erfolgt wie üblich am Donnerstag. c erfolgt auf Einladung der Mitarbeiter.
RESTRUKTURIERUNG	31	Das Unternehmen plant a zwei Abteilungen zusammen zu legen. b zwei Standorte zu verbinden. c drei Abteilungen an zwei Standorten zu verschmelzen.
NÄCHSTE MONATE	32	In den nächsten Monaten a sollen weniger als dreißig Prozent Schrumpfung erzielt werden. b sollen weniger als zehn Prozent Wachstum erzielt werden. c sollen weniger als zehn Prozent Wachstum erzielt werden.
LAGE	33	Das Unternehmen a sieht die Rohstoffpreise als gering an. b sieht die weltweite Lage als Besorgnis erregend an. c sieht der Entwicklung entspannt entgegen.
PLANUNGEN	34	Das Unternehmen hat bereits a zwei Alternativen vorbereitet. b begonnen, die Risiken zu minimieren. c drei alternative Pläne in der Schublade.

32 
a b c

33 
a b c

34
a b c

35
a b c

Platz für Ihre Notizen:

Fit für den DTB C1: Hören Teil 3 und Teil 4 C1. Jan Mundhenk

Hören Teil 4
Training 9

Sie hören gleich fünf Telefonansagen und erhalten jeweils eine Frage zu jeder Nachricht auf dem Anrufbeantworter. Markieren Sie die **eine** richtige Lösung a oder b oder c auf dem Antwortbogen. Jede Ansage auf dem Anrufbeantworter folgt **einmal**.

35   Herr Hallmackenreuther

a   wünscht sich Präsentationsunterlagen für Freitag.
b   will nicht so gerne bei der Vorbereitung helfen.
c   möchte gerne einen Projektbericht am Donnerstag.

36   Eine Kollegin

a   möchte gern aktuelle Zahlen beitragen und Klarheiten schaffen.
b   möchte gern bis zum Ende dieser Woche die Zahlen des folgenden Quartals.
c   möchte gern bis zum Ende dieser Woche die Zahlen des letzten Quartals.

37   Frau Bubenspätzle

a   möchte die Präsentation am Freitag vorbereiten.
B   möchte gerne Daten abstimmen.
c   will die Präsentation vorab zum Ansehen bekommen.

38   Herr Michels

a   erstellt den Jahresbericht und fängt morgen an.
b   fordert Daten bis zum nächsten Tag an und erstellt den Jahresbericht.
c   hat keine Zeit zur Hilfe an den Problemen.

39   Frau Pape

a   gibt ihrer Kollegin einen Auftrag zur Arbeit an nicht mehr aktuellen Kontakten.
b   sucht die aktuellen Kundenkontakte und eine Liste.
c   möchte gern alle Informationen den Kontakten zusenden.

36 
a   b   c

37 
a   b   c

38 
a   b   c

39 
a   b   c

40
a   b   c

Platz für Ihre Notizen:

Hören Teil 3
Training 10

Gleich beginnt die Präsentation zum Hören mit vier Aufgaben dazu. Markieren Sie die passende Lösung (a oder b oder c) auf dem Antwortbogen. In der nächsten Minute lesen Sie sich die Aufgaben durch und hören die Präsentation genau **einmal.**

BEGRÜßUNG	Beispiel	Das Meeting **a dreht sich um die Spezialisierung der Produktion (x).** b erfolgt wie üblich am Donnerstag. c erfolgt auf Einladung der Mitarbeiter.
ZAHLEN	31	Das Unternehmen konnte a in 3 Monaten dreizehn Prozent höhere Umsätze bei fünf Prozent höheren Betriebskosten realisieren. b in 3 Monaten dreißig Prozent höhere Umsätze bei sieben Prozent höheren Betriebskosten realisieren. c in 4 Monaten zwanzig Prozent geringere Umsätze bei Gewinnen von acht Prozent erzielen.
VERTEUERUNGEN	32	Das Unternehmen geht von a teureren Materialien und Gehältern aus. b teureren Materialien und niedrigeren Gehältern aus. c teureren Materialien und Gehältern aus, wobei auch neu gekaufte Anlagen hinzukamen.
GEWINNE	33	Das Unternehmen berichtet von a niedrigeren Gewinnen. b gleich bleibenden Gewinnen. c höheren Gewinnen.
VERTRIEB	34	Das Unternehmen erzielte a zwanzig Prozent neue Kunden und in Asien und Amerika viel mehr Nachfrage. b dreißig Prozent neue Kunden und in Europa und Asien viel mehr Nachfrage. c fünfundzwanzig Prozent neue Kunden in China, Amerika und Asien.

32 
a   b   c

33 
a   b   c

34 
a   b   c

35 
a   b   c

Platz für Ihre Notizen:

Hören Teil 4
Training 10

Sie hören gleich fünf Telefonansagen und erhalten jeweils eine Frage zu jeder Nachricht auf dem Anrufbeantworter. Markieren Sie die **eine** richtige Lösung a oder b oder c auf dem Antwortbogen. Jede Ansage auf dem Anrufbeantworter folgt **einmal**.

35   Herr Hallmackenreuther

a   wünscht sich Präsentationsunterlagen für Freitag.
b   will nicht so gerne bei der Vorbereitung helfen.
c   möchte gerne einen Projektbericht am Donnerstag.

36   Eine Kollegin

a   möchte gern aktuelle Zahlen beitragen und Klarheiten schaffen.
b   möchte gern bis zum Ende dieser Woche die Zahlen des folgenden Quartals.
c   möchte gern bis zum Ende dieser Woche die Zahlen des letzten Quartals.

37   Frau Bubenspätzle

a   möchte die Präsentation am Freitag vorbereiten.
B   möchte gerne Daten abstimmen.
c   will die Präsentation vorab zum Ansehen bekommen.

38   Herr Michels

a   erstellt den Jahresbericht und fängt morgen an.
b   fordert Daten bis zum nächsten Tag an und erstellt den Jahresbericht.
c   hat keine Zeit zur Hilfe an den Problemen.

39   Frau Pape

a   gibt ihrer Kollegin einen Auftrag zur Arbeit an nicht mehr aktuellen Kontakten.
b   sucht die aktuellen Kundenkontakte und eine Liste.
c   möchte gern alle Informationen den Kontakten zusenden.

36 
a   b   c

37 
a   b   c

38 
a   b   c

39
a   b   c

40
a   b   c

Platz für Ihre Notizen:

Hören Teil 3
Training 11

Gleich beginnt die Präsentation zum Hören mit vier Aufgaben dazu. Markieren Sie die passende Lösung (a oder b oder c) auf dem Antwortbogen. In der nächsten Minute lesen Sie sich die Aufgaben durch und hören die Präsentation genau **einmal.**

BEGRÜßUNG	Beispiel	Das Meeting **a dreht sich um die Spezialisierung der Produktion (x).** b erfolgt wie üblich am Donnerstag. c erfolgt auf Einladung der Mitarbeiter.
VERÄNDERUNGEN	31	Das Unternehmen möchte a aus drei Abteilungen zwei davon machen. B aus zwei Abteilungen eine machen. c aus vier Abteilungen drei machen.
ABTEILUNGEN	32	Das betrifft unter anderem a Personal, Forschung und Kantine. b Personal, Produktion und Forschung und Controlling. c Personal und Forschung.
LEITUNG	33	Das Unternehmen plant a die Leitung einer internen Bewerberin zu übertragen. b die Leitung einer externen Bewerberin zu übertragen. c die Leitung einer zu findenden Bewerberin zu übertragen.
EINSTELLUNGEN	34	Die Mitarbeitenden a sehen es gelassen und stimmen zu. b sehen es ambivalent und sehen ihre Fälle davonschwimmen. C sehen es sehr negativ und sehen selten die Vorteile.

32 
   a   b   c

33 
   a   b   c

34 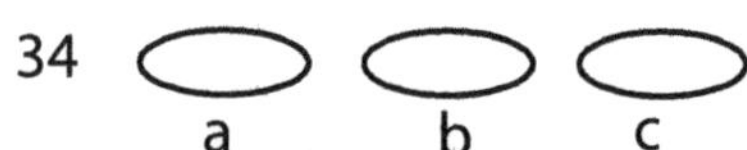
   a   b   c

35 
   a   b   c

Platz für Ihre Notizen:

Hören Teil 4
Training 11

Sie hören gleich fünf Telefonansagen und erhalten jeweils eine Frage zu jeder Nachricht auf dem Anrufbeantworter. Markieren Sie die **eine** richtige Lösung a oder b oder c auf dem Antwortbogen. Jede Ansage auf dem Anrufbeantworter folgt **einmal**.

35   Herr Hallmackenreuther

a   wünscht sich Präsentationsunterlagen für Freitag.
b   will nicht so gerne bei der Vorbereitung helfen.
c   möchte gerne einen Projektbericht am Donnerstag.

36   Eine Kollegin

a   möchte gern aktuelle Zahlen beitragen und Klarheiten schaffen.
b   möchte gern bis zum Ende dieser Woche die Zahlen des folgenden Quartals.
c   möchte gern bis zum Ende dieser Woche die Zahlen des letzten Quartals.

37   Frau Bubenspätzle

a   möchte die Präsentation am Freitag vorbereiten.
B   möchte gerne Daten abstimmen.
c   will die Präsentation vorab zum Ansehen bekommen.

38   Herr Michels

a   erstellt den Jahresbericht und fängt morgen an.
b   fordert Daten bis zum nächsten Tag an und erstellt den Jahresbericht.
c   hat keine Zeit zur Hilfe an den Problemen.

39   Frau Pape

a   gibt ihrer Kollegin einen Auftrag zur Arbeit an nicht mehr aktuellen Kontakten.
b   sucht die aktuellen Kundenkontakte und eine Liste.
c   möchte gern alle Informationen den Kontakten zusenden.

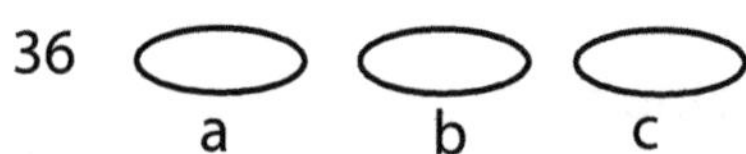

36   a   b   c

37   a   b   c

38   a   b   c

39   a   b   c

40   a   b   c

Platz für Ihre Notizen:

Hören Teil 3
Training 12

Gleich beginnt die Präsentation zum Hören mit vier Aufgaben dazu. Markieren Sie die passende Lösung (a oder b oder c) auf dem Antwortbogen. In der nächsten Minute lesen Sie sich die Aufgaben durch und hören die Präsentation genau **einmal.**

BEGRÜßUNG	Beispiel	Das Meeting **a dreht sich um die Spezialisierung der Produktion (x).** b erfolgt wie üblich am Donnerstag. c erfolgt auf Einladung der Mitarbeiter.
VERÄNDERUNGEN	31	Das Unternehmen möchte a effiziente Prozesse optimieren. b ineffektive Prozesse optimieren. c ineffiziente Prozesse optimieren.
OPTIONEN	32	Das Unternehmen sieht Möglichkeiten a in Transport und Produktion. b in Transport und Forschung. c in Produktion und Arbeitsvorbereitung.
AMORTISATION	33	Die Veränderungen a dürften 2 Millionen kosten und sich nach 3 Jahren bezahlt gemacht haben. b dürften 3 Millionen kosten und sich binnen 2 Jahren bezahlt gemacht haben. c dürften 5 Millionen kosten und sich innerhalb von Jahren bezahlt gemacht haben.
MACHBARKEIT	34	Das Unternehmen geht a von einer unrealistischen Umsetzung aus. b von einer geringen Umsetzbarkeit aus. c von einer realistischen Umsetzung aus.

32   a   b   c

33   a   b   c

34   a   b   c

35   a   b   c

Platz für Ihre Notizen:

Hören Teil 4
Training 12

Sie hören gleich fünf Telefonansagen und erhalten jeweils eine Frage zu jeder Nachricht auf dem Anrufbeantworter. Markieren Sie die **eine** richtige Lösung a oder b oder c auf dem Antwortbogen. Jede Ansage auf dem Anrufbeantworter folgt **einmal**.

35   Herr Hallmackenreuther

a   wünscht sich Präsentationsunterlagen für Freitag.
b   will nicht so gerne bei der Vorbereitung helfen.
c   möchte gerne einen Projektbericht am Donnerstag.

36   Eine Kollegin

a   möchte gern aktuelle Zahlen beitragen und Klarheiten schaffen.
b   möchte gern bis zum Ende dieser Woche die Zahlen des folgenden Quartals.
c   möchte gern bis zum Ende dieser Woche die Zahlen des letzten Quartals.

37   Frau Bubenspätzle

a   möchte die Präsentation am Freitag vorbereiten.
B   möchte gerne Daten abstimmen.
c   will die Präsentation vorab zum Ansehen bekommen.

38   Herr Michels

a   erstellt den Jahresbericht und fängt morgen an.
b   fordert Daten bis zum nächsten Tag an und erstellt den Jahresbericht.
c   hat keine Zeit zur Hilfe an den Problemen.

39   Frau Pape

a   gibt ihrer Kollegin einen Auftrag zur Arbeit an nicht mehr aktuellen Kontakten.
b   sucht die aktuellen Kundenkontakte und eine Liste.
c   möchte gern alle Informationen den Kontakten zusenden.

36 

37 

38 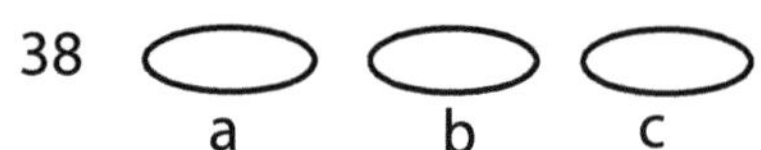

39 

40
a   b   c

Platz für Ihre Notizen:

Hören Teil 3
Training 13

Gleich beginnt die Präsentation zum Hören mit vier Aufgaben dazu. Markieren Sie die passende Lösung (a oder b oder c) auf dem Antwortbogen. In der nächsten Minute lesen Sie sich die Aufgaben durch und hören die Präsentation genau **einmal.**

	Beispiel	Das Meeting **a dreht sich um die Spezialisierung der Produktion (x).** b erfolgt wie üblich am Donnerstag. c erfolgt auf Einladung der Mitarbeiter.
BEGRÜßUNG		
STELLENAUSSCHREIBUNG	31	Das Unternehmen a möchte mehr Stellen in Vertrieb und Montage schaffen. b möchte mehr Stellen in Vertrieb und Marketing schaffen. c möchte mehr Stellen in Forschung und Montage schaffen.
GRUND	32	Das Unternehmen a sorgt sich um die Effizienz. b sorgt sich um die geringe Effektivität. c sorgt sich um die Äquivalenz.
AUSMAß	33	Das Unternehmen plant a dreizehn Stellen ein. b vierzehn Stellen ein. c vier Stellen ein.
ZEITPLAN	34	Das Unternehmen a beginnt in 3 Monaten und hat es in 8 Monaten abgeschlossen. b beginnt in 6 Monaten und hat es in 8 Monaten abgeschlossen. c beginnt in 9 Monaten und hat es in 8 Monaten abgeschlossen.

32   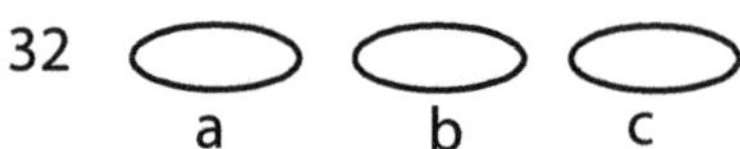
    a   b   c

33   
    a   b   c

34   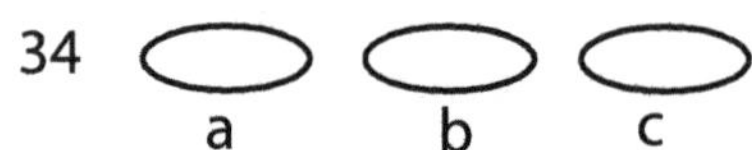
    a   b   c

35   
    a   b   c

Platz für Ihre Notizen:

Hören Teil 4
Training 13

Sie hören gleich fünf Telefonansagen und erhalten jeweils eine Frage zu jeder Nachricht auf dem Anrufbeantworter. Markieren Sie die **eine** richtige Lösung a oder b oder c auf dem Antwortbogen. Jede Ansage auf dem Anrufbeantworter folgt **einmal**.

35   Herr Hallmackenreuther

a   wünscht sich Präsentationsunterlagen für Freitag.
b   will nicht so gerne bei der Vorbereitung helfen.
c   möchte gerne einen Projektbericht am Donnerstag.

36   Eine Kollegin

a   möchte gern aktuelle Zahlen beitragen und Klarheiten schaffen.
b   möchte gern bis zum Ende dieser Woche die Zahlen des folgenden Quartals.
c   möchte gern bis zum Ende dieser Woche die Zahlen des letzten Quartals.

37   Frau Bubenspätzle

a   möchte die Präsentation am Freitag vorbereiten.
B   möchte gerne Daten abstimmen.
c   will die Präsentation vorab zum Ansehen bekommen.

38   Herr Michels

a   erstellt den Jahresbericht und fängt morgen an.
b   fordert Daten bis zum nächsten Tag an und erstellt den Jahresbericht.
c   hat keine Zeit zur Hilfe an den Problemen.

39   Frau Pape

a   gibt ihrer Kollegin einen Auftrag zur Arbeit an nicht mehr aktuellen Kontakten.
b   sucht die aktuellen Kundenkontakte und eine Liste.
c   möchte gern alle Informationen den Kontakten zusenden.

36 
    a   b   c

37 
    a   b   c

38 
    a   b   c

39 
    a   b   c

40 
    a   b   c

Platz für Ihre Notizen:

Hören Teil 3
Training 14

Gleich beginnt die Präsentation zum Hören mit vier Aufgaben dazu. Markieren Sie die passende Lösung (a oder b oder c) auf dem Antwortbogen. In der nächsten Minute lesen Sie sich die Aufgaben durch und hören die Präsentation genau **einmal.**

	Beispiel	Das Meeting
BEGRÜßUNG		**a dreht sich um die Spezialisierung der Produktion (x).** b erfolgt wie üblich am Donnerstag. c erfolgt auf Einladung der Mitarbeiter.
INVESTITITONEN	31	Das Unternehmen plant a tranzendente Produktion. b manuelle Produktion. c automatisierte Produktion.
AMORTISATION	32	Das Unternehmen betrachtet a 4 Millionen über 3 Jahre. b 3 Millionen über 4 Jahre. c 2 Millionen über 44 Jahre.
LIEFERANTEN	33	Das Unternehmen hat a Angebot erhalten und wählt eines aus. b Angebote angefordert und erhält sie. c Adressen für Anbieter herausgesucht.
UMSETZUNG	34	Das Unternehmen möchte a innerhalb der nächsten 6 Monate starten. b nach 7 Monaten starten. c binnen 7 Monaten starten.

32 
a b c

33 
a b c

34 
a b c

35
a b c

Platz für Ihre Notizen:

Hören Teil 4
Training 14

Sie hören gleich fünf Telefonansagen und erhalten jeweils eine Frage zu jeder Nachricht auf dem Anrufbeantworter. Markieren Sie die **eine** richtige Lösung a oder b oder c auf dem Antwortbogen. Jede Ansage auf dem Anrufbeantworter folgt **einmal**.

35   Herr Hallmackenreuther

a   wünscht sich Präsentationsunterlagen für Freitag.
b   will nicht so gerne bei der Vorbereitung helfen.
c   möchte gerne einen Projektbericht am Donnerstag.

36   Eine Kollegin

a   möchte gern aktuelle Zahlen beitragen und Klarheiten schaffen.
b   möchte gern bis zum Ende dieser Woche die Zahlen des folgenden Quartals.
c   möchte gern bis zum Ende dieser Woche die Zahlen des letzten Quartals.

37   Frau Bubenspätzle

a   möchte die Präsentation am Freitag vorbereiten.
B   möchte gerne Daten abstimmen.
c   will die Präsentation vorab zum Ansehen bekommen.

38   Herr Michels

a   erstellt den Jahresbericht und fängt morgen an.
b   fordert Daten bis zum nächsten Tag an und erstellt den Jahresbericht.
c   hat keine Zeit zur Hilfe an den Problemen.

39   Frau Pape

a   gibt ihrer Kollegin einen Auftrag zur Arbeit an nicht mehr aktuellen Kontakten.
b   sucht die aktuellen Kundenkontakte und eine Liste.
c   möchte gern alle Informationen den Kontakten zusenden.

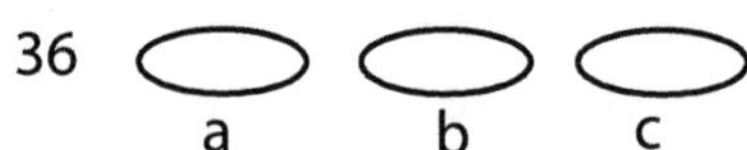

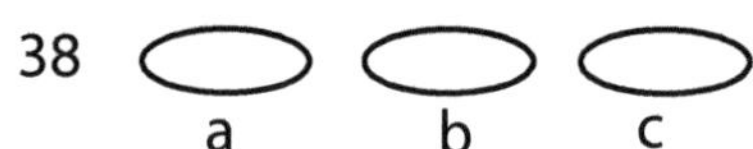

40   a   b   c

Platz für Ihre Notizen:

Hören Teil 3
Training 15

Gleich beginnt die Präsentation zum Hören mit vier Aufgaben dazu. Markieren Sie die passende Lösung (a oder b oder c) auf dem Antwortbogen. In der nächsten Minute lesen Sie sich die Aufgaben durch und hören die Präsentation genau **einmal.**

BEGRÜßUNG	Beispiel	Das Meeting **a dreht sich um die Spezialisierung der Produktion (x).** b erfolgt wie üblich am Donnerstag. c erfolgt auf Einladung der Mitarbeiter.
VERLAGERUNG	31	Das Unternehmen a plant eine Verlagerung der Produktion ins Ausland. b plant keine Verlagerung der Produktion innerhalb Deutschlands. c plant eine Verlagerung der Produktion innerhalb Deutschlands.
STANDORTE	32	Als mögliche Standorte a sind Schwerin, Riega und Grimma im Gespräch. b sind Scharbeutz, Riesa und Grimma im Gespräch. c sind Stettin, Riesa und Grimma im Gespräch.
ERGEBNISSE	33	Letztlich soll dieser Plan a geringere Produktionskosten erzielen. b höhere Produktionskosten erzielen. c gleich bleibende Produktionskosten erzielen.
CONTROLLING	34	Zur Überprüfbarkeit der Maßnahme a wurden Kennzahlen bestimmt. b lassen sich Kennzahlen suchen und finden. c werden Kennzahlen bestimmt.

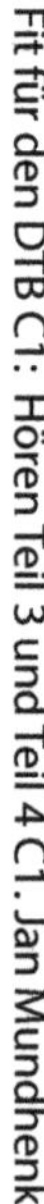
Fit für den DTB C1: Hören Teil 3 und Teil 4 C1. Jan Mundhenk

32 
   a   b   c

33 
   a   b   c

34 
   a   b   c

35 
   a   b   c

Platz für Ihre Notizen:

Hören Teil 4
Training 15

Sie hören gleich fünf Telefonansagen und erhalten jeweils eine Frage zu jeder Nachricht auf dem Anrufbeantworter. Markieren Sie die **eine** richtige Lösung a oder b oder c auf dem Antwortbogen. Jede Ansage auf dem Anrufbeantworter folgt **einmal**.

35   Herr Hallmackenreuther

a   wünscht sich Präsentationsunterlagen für Freitag.
b   will nicht so gerne bei der Vorbereitung helfen.
c   möchte gerne einen Projektbericht am Donnerstag.

36   Eine Kollegin

a   möchte gern aktuelle Zahlen beitragen und Klarheiten schaffen.
b   möchte gern bis zum Ende dieser Woche die Zahlen des folgenden Quartals.
c   möchte gern bis zum Ende dieser Woche die Zahlen des letzten Quartals.

37   Frau Bubenspätzle

a   möchte die Präsentation am Freitag vorbereiten.
B   möchte gerne Daten abstimmen.
c   will die Präsentation vorab zum Ansehen bekommen.

38   Herr Michels

a   erstellt den Jahresbericht und fängt morgen an.
b   fordert Daten bis zum nächsten Tag an und erstellt den Jahresbericht.
c   hat keine Zeit zur Hilfe an den Problemen.

39   Frau Pape

a   gibt ihrer Kollegin einen Auftrag zur Arbeit an nicht mehr aktuellen Kontakten.
b   sucht die aktuellen Kundenkontakte und eine Liste.
c   möchte gern alle Informationen den Kontakten zusenden.

Fit für den DTB C1: Hören Teil 3 und Teil 4 C1. Jan Mundhenk

36 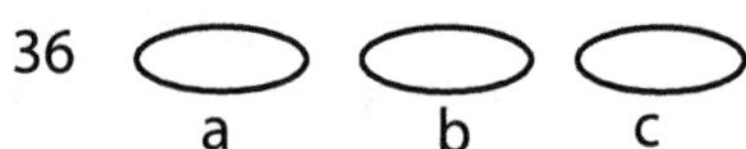
a   b   c

37 
a   b   c

38 
a   b   c

39 
a   b   c

40
a   b   c

Platz für Ihre Notizen: